René Reiche

Supertolle Schmink-Ideen

CHRISTOPHORUS
BRUNNEN-REIHE

Inhalt

Schminkspaß für Kids

Sich schminken zu lassen und dann in die Rolle von Prinzessinnen, wilden Tieren oder anderen Phantasiegestalten zu schlüpfen, macht allen Kindern Spaß - und das nicht nur an Fasching und zu Kostümfesten, sondern auch an Halloween, bei Kindergeburtstagen oder auf Sommerfesten.

Mit diesem Büchlein möchten wir Ihnen zeigen, wie Sie schnell und ohne großen Aufwand die Bemalung von Kindergesichtern erlernen können. Sie werden erstaunt sein, wie einfach es ist, Ranken und Tiere zu zaubern.

Da vor allem kleinere Kinder schon nach kurzer Zeit ungeduldig und unruhig werden können, haben wir darauf geachtet, dass mit etwas Übung keine der hier vorgestellten Schminkideen mehr als fünf Minuten Zeit in Anspruch nimmt.

Wir wünschen Ihnen viel Spaß und Erfolg beim Schminken!

René Reiche und das Schminktopf-Team

Das Material

Die richtige Ausrüstung ist die Grundlage guter Gesichtsbemalung. Dafür gehen Sie am besten in den Fachhandel und fragen nach folgenden Artikeln:

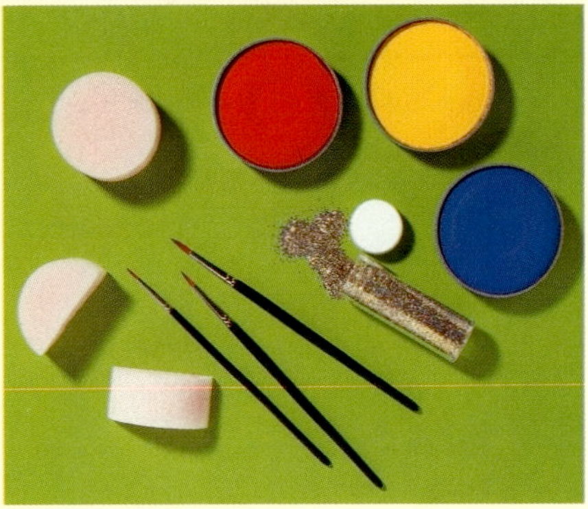

Water-Make-up

In diesem Buch wurde ausschließlich mit dem sogenannten Water-Make-up, einem Make-up auf Wasserbasis, geschminkt. Die Farben sind hochpigmentiert, behalten ihre Leuchtkraft auch noch nach dem Antrocknen und sind, einmal trocken, sogar berührungsfest! Am Ende des Tages können sie ganz einfach mit etwas warmem Wasser und Seife wieder entfernt werden. Sie erhalten Water-Make-up im Fachhandel in Paletten mit unterschiedlicher Farbauswahl oder einzeln in unterschiedlichen Größen.

Glimmer

Glimmer verleiht den Gesichtern einen ganz besonderen, funkelnden und einzigartigen Effekt. Im Handel erhalten Sie inzwischen eine Vielzahl verschiedener Glimmersorten und Farben. Achten Sie beim Kauf unbedingt darauf, dass es sich um Polyesterglimmer handelt, der frei von Glas- oder Metallbestandteilen und somit auch dann ungefährlich ist, wenn mal etwas davon in Mund oder Augen geraten sollte.
Einen besonders schönen Glimmereffekt erzielen Sie mit sogenanntem Hologrammglimmer. Dieser schillert zusätzlich in allen Farben des Regenbogens.

Schwämmchen und Pinsel

Make-up-Schwämmchen werden zum Grundieren, also zum großflächigen Auftragen der Farben zu Beginn eines Motives benötigt. In der Hälfte halbiert, sind sie leichter zu handhaben.
Mit dem Pinsel werden Motive und Konturen geschminkt. Im Fachhandel erhalten Sie Pinsel in verschiedenen Formen und Größen. Am besten geeignet sind Echthaar-Rundpinsel (z. B. Rotmarder) der Stärken 2 und 4. Die Pinsel laufen vorne spitz zu und sind somit auch für feinere Linien und Umrandungen gut geeignet.

Die Technik

Grundieren

Verwenden Sie pro Farbe einen eigenen Schwamm. Ein Ende des Schwammes mit Wasser leicht anfeuchten und damit die Farbe aufnehmen. Dabei auf die richtige Wassermenge achten. Wenn der Schwamm zu nass ist, werden die Grundierungen streifig. Sie verbrauchen zu viel Farbe und müssen lange warten, bis Sie weiterarbeiten können. Am besten üben Sie zuerst auf Ihrem Unterarm, bis Sie sich sicher fühlen. Die Grundierungen sollten gleichmäßig sein und am Rand weich auslaufen. Nach dem Schminken die Schwämmchen gut auswaschen oder in die Waschmaschine geben.

Konturen malen

Führen Sie den Pinsel immer locker, am besten aus dem Handgelenk, nicht aus dem gesamten Arm heraus. Üben Sie einfach etwas auf Ihrem Unterarm, bis sie den richtigen „Schwung" gefunden haben. Achten Sie auch hier auf die richtige Wassermenge. Bei jedem Farbwechsel den Pinsel gut auswaschen und auf einem sauberen Haushaltsschwamm abstreifen, bevor mit der nächsten Farbe weiter gemalt wird.

Glimmer auftragen

Glimmer ganz einfach mit einem feuchten Pinsel dem Glimmerröhrchen entnehmen und wie Farbe auf die Schminke auftragen. Dadurch löst sich das Make-up kurzzeitig an und hält anschließend den Glimmer fest.

Hinweis

Diese Hilfsmittel werden immer benötigt und in der Materialliste nicht eigens aufgeführt:

- Make-up-Schwämmchen
- Pinsel
- Haushaltsschwämme zum Abstreifen der Pinsel
- Wasserbehälter mit sauberem Wasser
- Kosmetikspiegel, damit die Kinder ihr Gesicht sofort betrachten können
- Bei Bedarf Zahnbürste zum Einfärben der Haare

Sommersterne

Farben

- Pink
- Weiß
- Bordeauxrot
- Glimmer

1 Die Grundierung in Pink mit einem Schwamm auftragen.

2 Im Augenwinkel mit dem Pinsel zwei weiße "Lachfältchen" setzen. Von dort aus auch die Ornamente, einige Punkte zur Auflockerung sowie die Sterne in Weiß malen.

3 Bordeauxrot auf den Pinsel geben, die Sterne einfassen und Konturen um die Ornamente setzen. Das Bordeauxrot dient auch als Lippenstift.

4 Mit Glimmer Akzente auf den Lippen, den Sternen und einigen Konturen anbringen.

Tipp

Schnörkel gelingen Ihnen besser, wenn sie in einem Stück gemalt werden.

Gefährliches Kroko

Farben

- Hellblau
- Grün
- Gelb
- Weiß
- Schwarz
- Glimmer

1 Die Grundierung mit dem Schwamm erfolgt in Grün und Hellblau. Dabei erhält das Krokodil schon seine grobe Form.

2 Mit einem Pinsel die gelbe Sonne auf die Stirn malen. Das Auge, die Zähne des Krokodils sowie die Lichtreflexionen im Wasser mit Weiß einzeichnen.

3 Zum Schluss die Konturen des Krokodils und die Möwen in Schwarz anbringen. Auf der linken Wange Palmen mit schwarzer Farbe skizzieren. Glimmer auftragen.

Lustige Ente

Farben

- Weiß
- Hellblau
- Grün
- Gelb
- Weiß
- Schwarz
- Glimmer

1 Mit dem weißen Bereich um die Augen beginnen. Auf das Weiß unter den Augen ganz sparsam Blau aufsetzen. Ebenfalls mit dem Schwämmchen Gelb und Orange auftragen.

2 Alle Umrandungen sowie die Nasenlöcher abschließend mit schwarzer Farbe malen und viel Glimmer auftragen.

Tipp

Die Ente sieht auch in anderen Farbkombinationen, z. B. nur in Weiß, originell aus.

Rosenfalter

Farben

- Pink
- Lila
- Gelb
- Rot
- Schwarz
- Glimmer

1 Gesicht rechts und links mit einem Schwamm in Pink grundieren. Dabei dem Schmetterling schon die grobe Form geben.

2 Die Konturen mit einem Pinsel lila nachzeichnen, ebenso die Umrisse der Blume und weitere Verzierungen.

3 Dem Schmetterling gelbe Farbtupfer verleihen. Weitere gelbe Farbtupfer in die Blume und die Verzierungen auf der linken Gesichtshälfte setzen.

4 Die Lippen mit einem Pinsel rot schminken. Mit dem Rest der Farbe den Schmetterling und die Blume schmücken. Zum Schluss dem Schmetterling einen schwarzen Körper malen und großzügig Glimmer als Effekt einsetzen.

Tipp

Glimmer ist bei Kindern besonders beliebt und verleiht den Masken immer das gewisse Extra.

Eisblätter

Farben

- Lila
- Hellblau
- Türkis
- Weiß
- Schwarz
- Bordeauxrot
- Glimmer

1 Am äußeren Gesichtsrand mit Lila die Grundierung beginnen. Zum Auge hin als zweite Farbe Hellblau mit dem Schwämmchen auftragen.

2 Blätter und einige Schnörkel mit Türkis malen. Die Spitzen der Schnörkel anschließend mit weißer Farbe betonen. Ebenfalls mit Weiß einige Punkte setzen.

3 Blätter schwarz umranden und einige Konturen ziehen.

4 Die Lippen bordeauxrot schminken. Mit Glimmer Lippen und Konturen betonen.

Tipp

Streichen Sie mit Ihrer linken Hand die Haare zurück. So spüren Sie außerdem jede Bewegung.

Hundebabys

Farben

- Weiß
- Hellbraun
- Dunkelbraun
- Rot
- Schwarz
- Glimmer

1 Die Schnauze und ein Auge weiß mit einem Schwamm grundieren. Die Schnauze hellbraun umranden, mit Dunkelbraun das Gesicht und das rechte Ohr grundieren. Das zweite Ohr in Hellbraun hinzufügen.

2 Auf die weiße Schnauze mit dem Pinsel eine rote Zunge malen.

3 Umrandungen, die Hundenase und Bartstoppeln in Schwarz anbringen. Die Augenbrauen schwungvoll hinzufügen.

4 Auf den Konturen und der Zunge Glimmer verteilen.

Tipp

Der Hund kann auch ohne Zunge gemalt werden.

Einhorn

Farben

- Weiß
- Blau
- Gelb
- Rot
- Schwarz
- Glimmer

1 In der "Wölkchentechnik" auf der linken und rechten Wange zuerst Weiß und anschließend Blau auftragen. Mit dem blauen Schwämmchen abschließend den ersten Streifen des Regenbogens ziehen. Darüber folgen ebenfalls mit dem Schwämmchen aufgetragen – ein gelber und ein roter Streifen.

2 Gelbe Farbe mit dem Pinsel aufnehmen und die Sterne und das Horn malen. Mit Schwarz das Einhorn zeichnen und die Sterne umranden.

3 Zuletzt den Lippenstift mit rotem Water-Make-up auftragen. Mit Glimmer die Lippen, die Wolken und den Regenbogen verzieren.

Hinweis

Unter Wölkchentechnik wird das Tupfen des Schwämmchens mit gleichzeitiger Drehbewegung verstanden.

Venezianische Maske

Farben

- Hellblau
- Mittelblau
- Schwarz
- Weiß
- Glimmer

1 Mit einem Schwamm die Augen hellblau grundieren. Dann mit Mittelblau die hellblaue Grundierung umranden.

2 Die Maske mit Ranken oder feinen Strichen verzieren. Weiße Striche dienen der Auflockerung.

3 Mittelblaues Water-Make-up als Lippenstift auftragen. Glimmer auf den Verzierungen und auf dem Mund nicht vergessen.

Tipp

Die Grundierung bei geschlossenen Augen auftragen. Nach Öffnen der Augen darauf achten, unter den Augen nachzugrundieren.

Herzen & Blümchen

Farben

Blümchenranke

- Indianerrot
- Chinesengelb
- Gold
- Grün
- Rot
- Weiß
- Schwarz
- Glimmer

Romance de Paris

- Gold
- Rot
- Weiß
- Schwarz
- Glimmer

Blümchenranke

1 Bei der Grundierung mit Indianerrot beginnen, dann um das Auge Chinesengelb auftragen. Das Schwämmchen nur ganz leicht anfeuchten. Dadurch wird der Übergang zur Haut weicher.

2 Mit dem Pinsel einige waagerecht verlaufende parallele Striche in Gold setzen. Dann folgen die Ornamente: Als erstes zwei "Lachfältchen" in Grün, dann kleine Bögen malen. Zügig und immer vom Auge weg arbeiten.

3 Für die gelben Blumen einfach den Pinsel auf die Haut legen. Dadurch entstehen kleine ovale Blütenblätter. Mit Rot einen Stempel malen. Mit Weiß einige Akzente in die Bögen setzen und ihnen mit Schwarz etwas Kontur verleihen. Viel Glimmer auftragen.

Romance de Paris

1 Den Schläfen- und Wangenbereich mit einem nur leicht angefeuchteten Schwämmchen gold grundieren.

2 Dann das rote Herz und anschließend weiße Ranken und Punkte mit einem Pinsel malen. Dabei den Schimmer im Herz nicht vergessen. Dadurch wirkt es plastischer. Die Spitzen jeweils noch einmal mit Rot betonen, dann die Konturen in Schwarz hinzufügen.

3 Lippen mit roter Farbe schminken und Glimmer verteilen.

Dornröschen

Farben

- Weiß
- Hollblau
- Rosa
- Gelb
- Rot
- Grün
- Schwarz
- Glimmer

1 Weißen und hellblauen Lidschatten mit einem ganz wenig angefeuchteten Schwämmchen auftragen. Die Wangen erst rosa, dann weiß grundieren.

2 Mit dem Pinsel nun die Krone in Gelb malen. Die Spitzen mit roten "Diamanten" schmücken. Mit dem gleichen Rot die Blüten auf der Wange sowie den Lippenstift auftragen. Grüne Stiele und Blätter hinzufügen und mit Schwarz die Umrandungen der Krone ziehen.

3 Mit Glimmer Lippen, Lidschatten, Blumen und Teile der Krone betonen.

Süßer Löwe

Farben

- Weiß
- Ocker
- Rotbraun
- Schwarz
- Glimmer

1 Den Nasenrücken weiß mit einem Schwämmchen grundieren. Den Mund kleeblattförmig mit Weiß umranden. Sternförmig von innen nach außen erst Ocker, dann Rotbraun auftragen.

2 Mit dem Pinsel und weißer Farbe die weißen Bäckchen und das Kinn ausfransen. Ein paar leichte weiße Striche auf die Stirn setzen.

3 Eine dreieckige Nase, Schnurrbarthaare, Bartstoppeln und Stirnhaare in Schwarz malen. Mit Glimmer verzieren.

Indianer & Squaw

Farben

- Mittelbraun
- Rotbraun
- Gelb
- Blau
- Rot
- Türkis
- Gelb
- Schwarz
- Glimmer

Indianer

1 Das ganze Gesicht mittelbraun grundieren. Mit einem ganz schwach angefeuchteten Schwämmchen Rotbraun als Rouge auf die Wangenknochen setzen. Zusätzlich gut deckende gelbe Streifen auf Wangen, Nasenrücken, Kinn und Stirn auftragen.

2 Mit dem Pinsel die Streifen mit Blau und Rot begrenzen. Nach Belieben noch einige Muster integrieren.

3 Die Augenbrauen großzügig schwarz nachziehen und eventuell noch einen Lidstrich setzen. Die Konturen und Augenbrauen mit Glimmer betonen.

Squaw

1 Das Gesicht mittelbraun grundieren, mit Rotbraun die Wangen betonen und gelbe Wangenstreifen mit dem Schwämmchen auftragen.

2 Mit einem Pinsel das Stirnband sowie Punkte auf die gelben Streifen in Türkis malen. Die Streifen mit Blau und Rot eingrenzen und die Lippen mit Rot nachziehen. Der Stein auf der Stirn wird deckend in Gelb mit dem Pinsel aufgesetzt.

3 Augenbrauen und Konturen im Stirnband in Schwarz hinzufügen. Mit einem feinen Pinsel einen Lidstrich ziehen und den Stein umranden. Mit Glimmer verzieren.

Hexe & Monster

Farben

Hexe

- Türkis
- Grau
- Grün
- Schwarz

Monster

- Weiß
- Türkis
- Grau
- Grün
- Schwarz
- Dunkelrot

Monster

1 Um den Mund herum mit dem Schwämmchen weiß grundieren, den Rest des Gesichts türkis, in die Augenhöhlen schwarz.

2 Falten und den Bereich um die Nase mit Grün, die Augenbrauen, Zähne und Härchen mit Schwarz zeichnen. Die Zähne mit Dunkelrot nachmalen, um Blut anzudeuten.

3 Das Monster sieht noch gruseliger aus, wenn die Haare ein wenig auftoupiert und farbige Strähnen mit der Zahnbürste in die Haare gezogen sind.

Hexe

1 Das Gesicht türkis grundieren. Mit einem nur wenig angefeuchteten Schwamm die Wangen und die Augen leicht mit Grau betonen.

2 Die Fältchen werden mit grüner, das Spinnennetz, die Augenbrauen und die Lippen mit schwarzer Farbe gemalt. Glimmer auftragen.

Tipp

Schneiden Sie Fratzen und ziehen Sie die Stirn hoch, um herauszufinden, wo Sie die Fältchen am realistischsten setzen können.

Impressum

Printed in Germany
ISBN 3-419-56266-7

Lektorat:
Irmgard Böhler, Freiburg

Styling und Fotos:
Christoph Schmotz, Freiburg

Covergestaltung und Layoutentwurf:
Network!, München

Coverrealisierung:
smp, Freiburg

Produktion:
Carsten Schorn, Merzhausen

Druck:
Freiburger Graphische Betriebe

Wir sind für Sie da, wenn Sie Fragen zu AutorInnen, Anleitungen oder Materialien haben. Und wir interessieren uns für Ihre eigenen Ideen und Anregungen. Faxen, schreiben Sie oder rufen Sie uns an. Wir hören gerne von Ihnen!
Ihr Christophorus-Verlag

Christophorus-Verlag GmbH
Hermann-Herder-Str. 4
79104 Freiburg
Tel.: 0761/ 27 17-0
Fax: 0761/ 27 17-3 52
oder e-mail:
info@christophorus-verlag.de

Profi-Tipp des Autors

Probleme mit der Haut?

Farben aus dem Fachhandel sind dermatologisch getestet und absolut hautverträglich, so dass auch Allergiker (etwa bei Neurodermitis) in der Regel keine Probleme damit haben werden. Bei extrem trockener Haut evtl. vor dem Schminken Feuchtigkeitscreme auftragen.
Das Water-Make-up lässt sich problemlos mit warmem Wasser und etwas Seife wieder entfernen.

Gern helfen Ihnen auch der Autor und sein Team:
Schminktopf
Tullastr. 38
79108 Freiburg
Tel. : 07 61 / 50 04 33
Fax.: 07 61 / 50 04 46
www.schminktopf.de

Weitere Titel aus der Brunnen-Reihe

3-419-56225-X

3-419-56151-2

3-419-56132-6